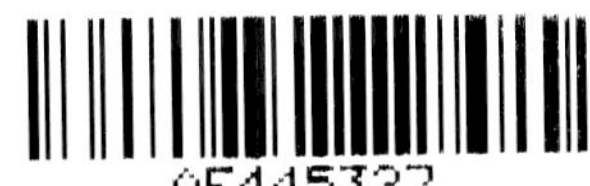
AF445327

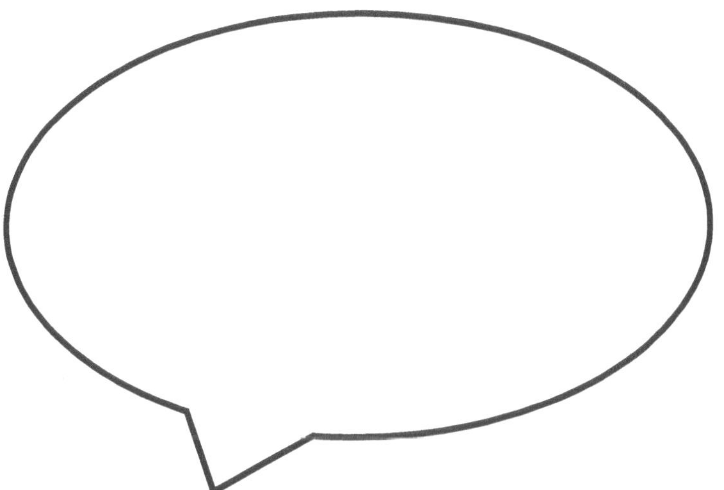

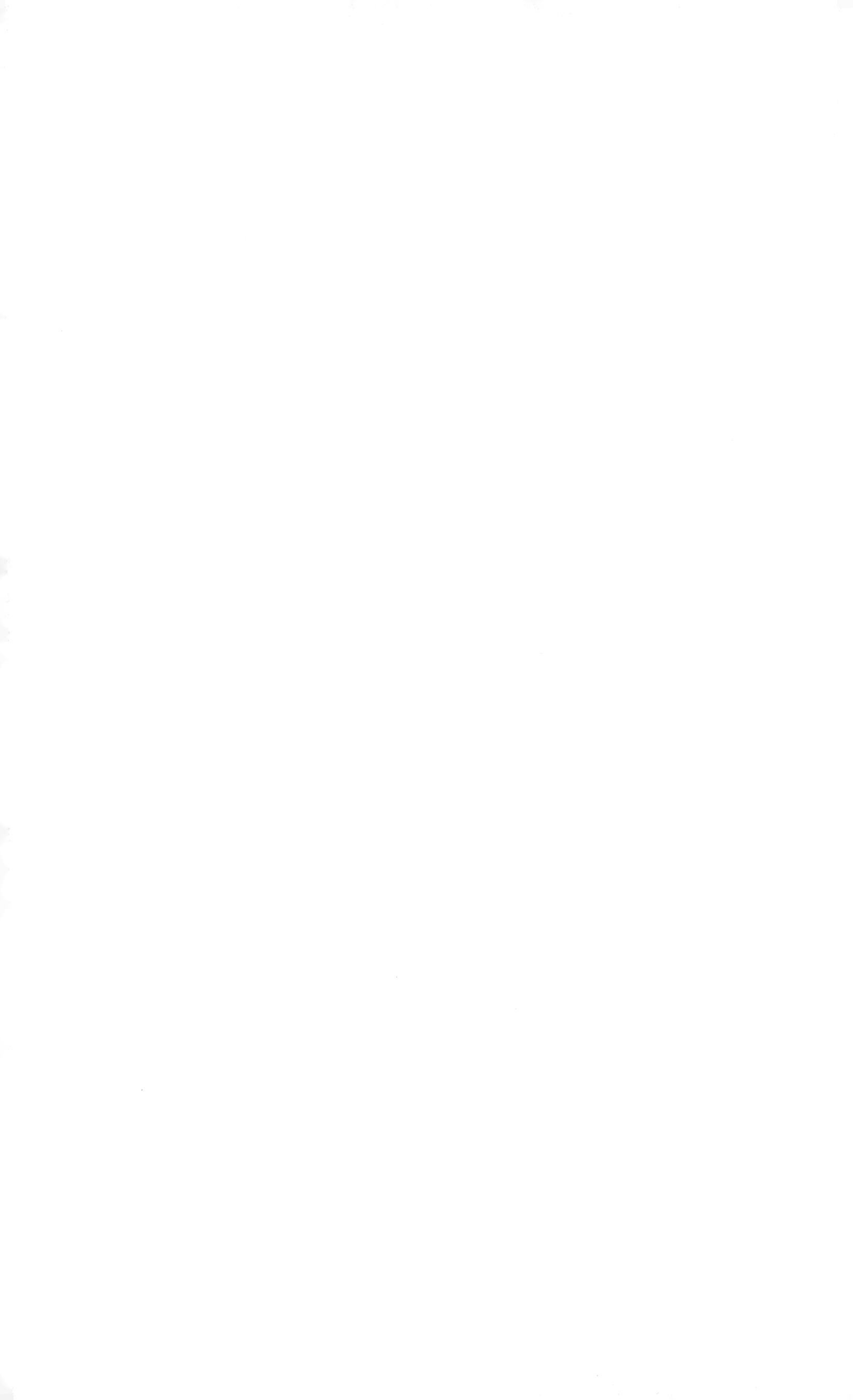

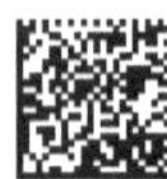
www.ingramcontent.com/pod-product-compliance
Lightning Source LLC
Chambersburg PA
CBHW062224150726
47991CB00006B/2431
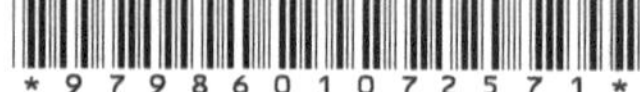